Objectif zéro gâteau industriel

Batch cooking spécial goûter, petit déjeuner ou brunch

Pour ma famille de gourmands : Aurélie, Ysaure et Yorik

Cédric SARTOUT – coachpatissier.fr

Objectif zéro gâteau industriel

Batch cooking spécial goûter, petit déjeuner ou brunch

Pour ma famille de gourmands : Aurélie, Ysaure et Yorik

© 2024 Cédric SARTOUT – coachpatissier.fr

Édition : BoD – Books on Demand, info@bod.fr
Impression : BoD – Books on Demand, In de Tarpen 42, Norderstedt (Allemagne)

Impression à la demande

Illustration : Cédric SARTOUT

ISBN : 978-2-3225-2437-2
Dépôt légal : avril 2024

<u>**Table des matières**</u>

INTRODUCTION **8**

BATCH COOKING COACHPATISSIER : METHODES & ORGANISATION **9**

MES CAKES INDIVIDUELS DU DIMANCHE **12**

Cakes à l'orange 13

Cakes à la vanille 13

Cakes au chocolat 14

Cakes au citron 14

Cakes aux fruits confits 15

Cakes aux noisettes 15

Cakes aux pépites de chocolat 16

Cakes aux pralines roses 16

Cakes marbrés 17

Cakes pommes cannelle 17

Carrot cakes 18

Pains d'épices 18

Quatre quarts 19

MES PETITS GATEAUX DU MERCREDI **20**

Biscuits à la confiture 21

Biscuits diamants 21

Chouquettes 22

Cookies 22

Crêpes 23

Financiers 23

Gaufres 24

Madeleines 24

Muffins 25

Pancakes 25

Roulés à la confiture 26

Sablés bretons 26

Scones anglais 27

MES VIENNOISERIES INDIVIDUELLES DU VENDREDI **28**

Baguettes viennoises 29

Beignets ou donuts au four 30

Brioches au sucre 31

Brioches aux pralines ou aux pépites de chocolat 32

Brioches babka 33

Brioches feuilletées 34

Brioches suisses 35

Chaussons aux pommes 36

Croissants et Pains au chocolat 38

Muffins anglais 40

Pains au lait 41

Pains aux raisins 42

Pain de mie 44

LES PETITS PLUS DU CHEF **45**

Le choix de la farine 45

La levure de boulanger fraîche ou levure sèche 45

La levure de boulanger et le lait 45

La levure de boulanger et le sel 45

Les œufs et les quantités/ratios 46

Beurre de tourage, pâte levée feuilletée (PLF) et pâte feuilletée 46

La pâte à choux 46

Le temps de pousse et étuve 47

Le temps de cuisson 47

Pour aller encore plus loin 47

REMERCIEMENTS **48**

INTRODUCTION

Ce livre est né des échanges que j'ai pu avoir lors de mes cours de pâtisserie à domicile. D'un côté une envie d'apprendre des techniques de chef pour réaliser les grands classiques de la pâtisserie et de l'autre la nécessité de pâtisser au quotidien pour le goûter, petit déjeuner ou brunch, afin d'éviter les gâteaux industriels.

Mon 1er ouvrage « Devenez un meilleur pâtissier ! » abordait les grands classiques de la pâtisserie française en vous donnant les techniques professionnelles, dans le prolongement de mes cours à domicile.

Pour ce second sujet, étant chef pâtissier professionnel mais aussi Papa, je fais en sorte qu'à la maison nous ne mangions pas de gâteaux industriels car ils contiennent beaucoup trop d'ingrédients pour que ce soit bon pour la santé et sans parler du suremballage, véritable fléau pour notre planète. Mais voilà, cela n'a pas toujours été simple, même pour moi.

Ce second ouvrage est donc là pour vous apporter des recettes mais aussi une méthode basée sur le batch cooking pour ne pas passer toutes vos soirées aux fourneaux.

L'objectif étant de fournir les gâteaux du goûter, des petits déjeuners ou brunchs pour deux toute l'année.

Objectif zéro gâteau industriel !

BATCH COOKING CoachPatissier : Methodes & organisation

Vous avez déjà certainement entendu parler de batch cooking, si ce n'est pas le cas on pourrait résumer simplement ça en « je me fais de l'avance les jours plus calmes sur ce que je dois manger dans ma semaine ».

Ici je vous propose de pâtisser 3 fois dans la semaine mais c'est possible en une fois.

On commence par réaliser le dimanche les cakes et dérivés car c'est très rapide à faire (maxi 1h), le mercredi on s'occupe des petits gâteaux car ça peut être un moment de partage avec des enfants (environ 1h), et le vendredi soir place aux viennoiseries du week-end ! (Environ 3h à l'exception des chaussons aux pommes, croissants, pains au chocolat et pains aux raisins qui demandent plus de temps)

Voici la « carte mentale » des types de réalisations par journées :

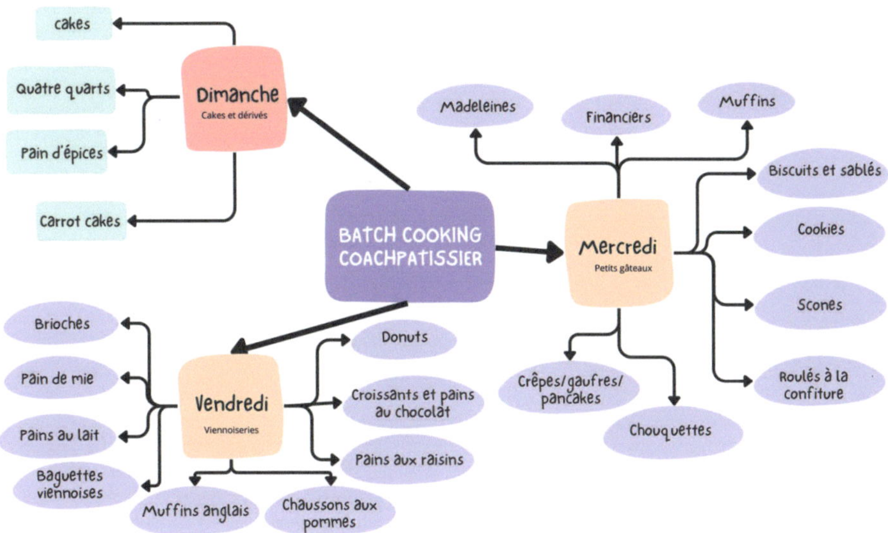

Cet ouvrage contient 13 recettes pour chacun des 3 jours, donc de quoi réaliser sur 13 semaines, c'est à dire un trimestre de recettes.

Il suffira donc de refaire seulement 4 fois ce programme pour une année complète (52 semaines) !

Attention ! Manger uniquement des gâteaux tous les jours ne constitue pas un goûter ou petit déjeuner équilibré. Je ne suis pas nutritionniste mais à minima complétez avec un fruit, éventuellement un laitage, et de l'eau à volonté. Dans tous les cas, ce sera toujours mieux qu'un goûter ou petit déjeuner fait de gâteaux industriels !

Voici ci-dessous l'organisation détaillée sous forme de tableau puis sous forme de « carte mentale ». À noter que les quantités sont pour 2, y compris dans les recettes, donc à adapter éventuellement.

	À FAIRE	À MANGER	À CONSERVER
DIMANCHE AVANT LE GOUTER	Réalisation de 16 cakes individuels	2 cakes individuels au goûter	4 cakes individuels à température ambiante + 10 cakes individuels au congélateur
LUNDI		2 cakes individuels au petit déjeuner + 2 cakes individuels au goûter	10 cakes individuels au congélateur
MARDI	Décongélation de 4 cakes individuels	2 cakes individuels au petit déjeuner + 2 cakes individuels au goûter	6 cakes individuels au congélateur
MERCREDI	Décongélation de 2 cakes individuels + Réalisation de x petits gâteaux	2 cakes individuels au petit déjeuner + x petits gâteaux au goûter	4 cakes individuels au congélateur + x petits gâteaux au congélateur, sauf les biscuits qui peuvent être conservés à température ambiante dans une boîte hermétique
JEUDI	Décongélation de 2 cakes individuels	2 cakes individuels au petit déjeuner + x petits gâteaux au goûter	2 cakes individuels au congélateur + x petits gâteaux au congélateur, sauf les biscuits qui peuvent être conservés à température ambiante dans une boîte hermétique
VENDREDI	Décongélation de 2 cakes individuels + Réalisation de 8 viennoiseries pour le week-end	2 cakes individuels au petit déjeuner + x petits gâteaux au goûter	4 viennoiseries à température ambiante+ 4 viennoiseries au congélateur
SAMEDI		2 viennoiseries au petit déjeuner + 2 viennoiseries au goûter	4 viennoiseries au congélateur
DIMANCHE MATIN	Décongélation de 2 viennoiseries	2 viennoiseries au petit déjeuner	2 viennoiseries au congélateur en secours

Si vous souhaitez réaliser votre batch cooking en une seule fois, je conseille de procéder comme ceci : Le vendredi commencez par faire vos viennoiseries et comme celles-ci nécessite des temps de repos, vous pouvez utiliser ce temps pour faire vos cakes et petits gâteaux. En 3h, à l'exception de quelques viennoiseries comme les chaussons aux pommes, croissants, pains au chocolat ou pains aux raisins, vous aurez le temps.
Congelez tout ce que vous ne consommerez pas dans les 48h.

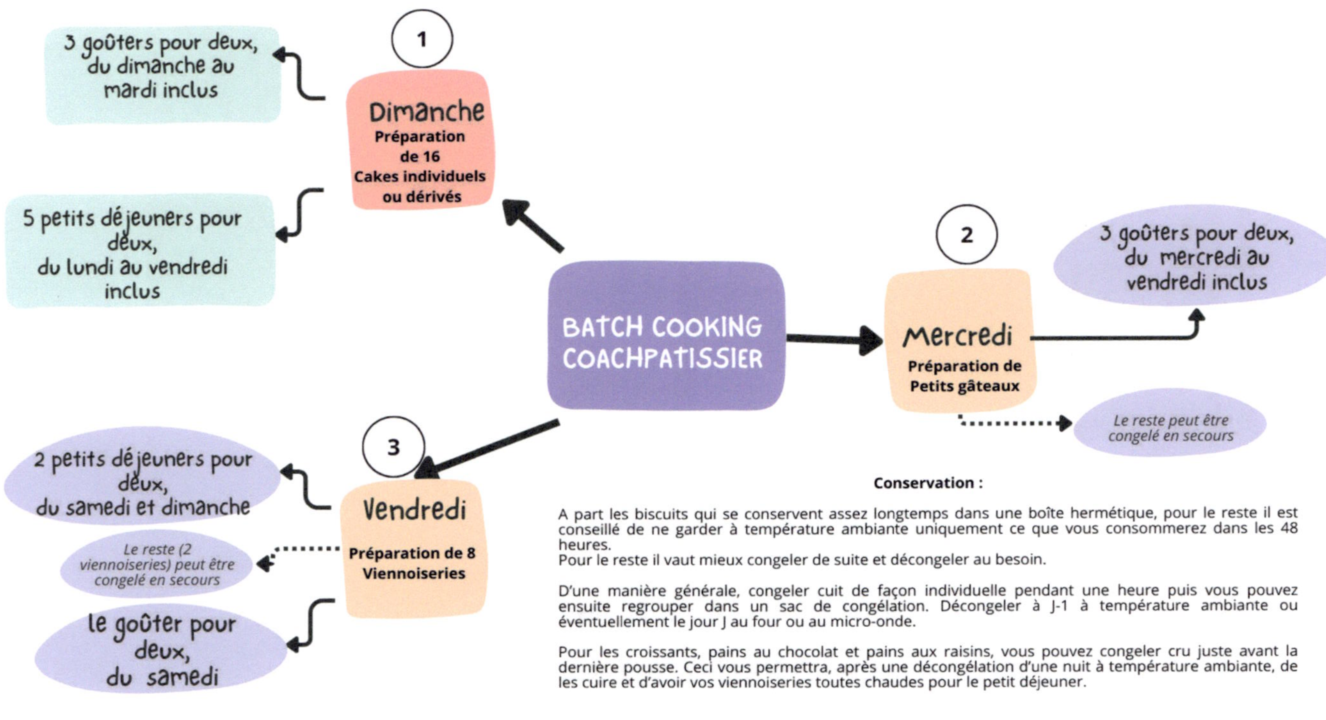

Conservation :

A part les biscuits qui se conservent assez longtemps dans une boîte hermétique, pour le reste il est conseillé de ne garder à température ambiante uniquement ce que vous consommerez dans les 48 heures.
Pour le reste il vaut mieux congeler de suite et décongeler au besoin.

D'une manière générale, congeler cuit de façon individuelle pendant une heure puis vous pouvez ensuite regrouper dans un sac de congélation. Décongeler à J-1 à température ambiante ou éventuellement le jour J au four ou au micro-onde.

Pour les croissants, pains au chocolat et pains aux raisins, vous pouvez congeler cru juste avant la dernière pousse. Ceci vous permettra, après une décongélation d'une nuit à température ambiante, de les cuire et d'avoir vos viennoiseries toutes chaudes pour le petit déjeuner.

Mes cakes individuels du dimanche

Les quantités correspondent à 16 cakes individuels ou 2 cakes si vous ne disposez pas de moules individuels. Dans ce cas, vous pouvez découper chaque cake en 16 tranches. Comptez 2 tranches par personne. Pour la conservation, congelez les tranches comme les cakes individuels.

CAKES A L'ORANGE

Ingrédients (Qté. pour 16)

2 oranges
240 g de beurre
200 g de sucre
8 g de sel
420 g de farine
12 g de levure chimique
4 œufs
400 g de crème liquide

1. Râper le zeste puis presser les oranges et réserver.
2. Mélanger le beurre, le sucre et le sel jusqu'à obtenir un aspect crémeux.
3. Ajouter la farine et la levure puis mélanger.
4. Ajouter les œufs et mélanger.
5. Ajouter enfin la crème ainsi que le jus et le zeste d'orange puis mélanger jusqu'à une texture homogène.
6. Verser la préparation dans les moules individuels préalablement graissés.
7. Cuire 15/20 min à 180 °C.
8. Démouler 5 min après la sortie du four.

CAKES A LA VANILLE

Ingrédients (Qté. pour 16)

240 g de beurre
200 g de sucre
8 g de sel
420 g de farine
12 g de levure chimique
4 œufs
400 g de crème liquide
4 gousses de vanille

1. Mélanger le beurre, le sucre et le sel jusqu'à obtenir un aspect crémeux.
2. Ajouter la farine et la levure puis mélanger.
3. Ajouter les œufs et mélanger.
4. Ajouter enfin la crème ainsi que les graines des gousses de vanille et mélanger jusqu'à une texture homogène.
5. Verser la préparation dans les moules individuels préalablement graissés.
6. Cuire 15/20 min à 180 °C.
7. Démouler 5 min après la sortie du four.

CAKES AU CHOCOLAT

Ingrédients (Qté. pour 16)

240 g de beurre

200 g de sucre

8 g de sel

420 g de farine

12 g de levure chimique

4 œufs

400 g de crème liquide

400 g de chocolat

1. Mélanger le beurre, le sucre et le sel jusqu'à obtenir un aspect crémeux.
2. Ajouter la farine et la levure puis mélanger.
3. Ajouter les œufs puis la crème et mélanger.
4. Faire fondre le chocolat et l'ajouter puis mélanger jusqu'à une texture homogène.
5. Verser la préparation dans les moules individuels préalablement graissés.
6. Cuire 15/20 min à 180 °C.
7. Démouler 5 min après la sortie du four.

CAKES AU CITRON

Ingrédients (Qté. pour 16)

240 g de beurre

200 g de sucre

8 g de sel

420 g de farine

12 g de levure chimique

4 œufs

400 g de crème liquide

80 g de jus de citron

1. Mélanger le beurre, le sucre et le sel jusqu'à obtenir un aspect crémeux.
2. Ajouter la farine et la levure puis mélanger.
3. Ajouter les œufs et mélanger.
4. Ajouter enfin la crème ainsi que le jus de citron et mélanger jusqu'à une texture homogène.
5. Verser la préparation dans les moules individuels préalablement graissés.
6. Cuire 15/20 min à 180 °C.
7. Démouler 5 min après la sortie du four.

CAKES AUX FRUITS CONFITS

Ingrédients (Qté. pour 16)
30 g de rhum
200 g de raisins secs
240 g de beurre
200 g de sucre cassonade
8 g de sel
420 g de farine
12 g de levure chimique
4 œufs
400 g de crème liquide
300 g de macédoine de
fruits confits

1. Dans un bol faire réhydrater les raisins dans le rhum et réserver.
2. Mélanger le beurre, le sucre et le sel jusqu'à obtenir un aspect crémeux.
3. Ajouter la farine et la levure puis mélanger.
4. Ajouter les œufs et mélanger.
5. Ajouter enfin la crème ainsi que les fruits et mélanger jusqu'à une texture homogène.
6. Verser la préparation dans les moules individuels préalablement graissés.
7. Cuire 15/20 min à 180 °C.
8. Démouler 5 min après la sortie du four.

CAKES AUX NOISETTES

Ingrédients (Qté. pour 16)
240 g de beurre
200 g de sucre
8 g de sel
420 g de farine
240 g de poudre de
noisettes
12 g de levure chimique
4 œufs
400 g de crème liquide

1. Mélanger le beurre, le sucre et le sel jusqu'à obtenir un aspect crémeux.
2. Ajouter la farine, la poudre de noisette et la levure puis mélanger.
3. Ajouter les œufs et mélanger.
4. Ajouter enfin la crème et mélanger jusqu'à une texture homogène.
5. Verser la préparation dans les moules individuels préalablement graissés.
6. Cuire 15/20 min à 180 °C.
7. Démouler 5 min après la sortie du four.

CAKES AUX PEPITES DE CHOCOLAT

<u>Ingrédients (Qté. pour 16)</u>

240 g de beurre
200 g de sucre
8 g de sel
420 g de farine
12 g de levure chimique
4 œufs
400 g de crème liquide
300 g de pépites de chocolat

1. Mélanger le beurre, le sucre et le sel jusqu'à obtenir un aspect crémeux.
2. Ajouter la farine et la levure puis mélanger.
3. Ajouter les œufs et mélanger.
4. Ajouter enfin la crème ainsi que les pépites de chocolat et mélanger jusqu'à une texture homogène.
5. Verser la préparation dans les moules individuels préalablement graissés.
6. Cuire 15/20 min à 180 °C.
7. Démouler 5 min après la sortie du four.

CAKES AUX PRALINES ROSES

<u>Ingrédients (Qté. pour 16)</u>

240 g de beurre
200 g de sucre
8 g de sel
420 g de farine
12 g de levure chimique
4 œufs
400 g de crème liquide
300 g de pralines roses

1. Mélanger le beurre, le sucre et le sel jusqu'à obtenir un aspect crémeux.
2. Ajouter la farine et la levure puis mélanger.
3. Ajouter les œufs et mélanger.
4. Ajouter enfin la crème et 200 g de pralines puis mélanger jusqu'à une texture homogène.
5. Verser la préparation dans les moules individuels préalablement graissés.
6. Ajouter le reste de pralines sur le dessus.
7. Cuire 15/20 min à 180 °C.
8. Démouler 5 min après la sortie du four.

CAKES MARBRES

Ingrédients (Qté. pour 16)

240 g de beurre
200 g de sucre
8 g de sel
420 g de farine
12 g de levure chimique
4 œufs
400 g de crème liquide
2 gousses de vanille
40 g de cacao non sucré

1. Mélanger le beurre, le sucre et le sel jusqu'à obtenir un aspect crémeux.
2. Ajouter la farine et la levure puis mélanger.
3. Ajouter les œufs et mélanger.
4. Ajouter enfin la crème et mélanger jusqu'à une texture homogène.
5. Séparer la préparation dans 2 bols.
6. Dans un des bols, ajouter les graines des gousses de vanille, et dans l'autre le cacao.
7. Verser alternativement un peu de chaque de chaque préparation dans les moules individuels préalablement graissés.
8. Cuire 15/20 min à 180 °C.
9. Démouler 5 min après la sortie du four.

CAKES POMMES CANNELLE

Ingrédients (Qté. pour 16)

4 pommes
240 g de beurre
200 g de sucre
8 g de sel
420 g de farine
12 g de levure chimique
4 œufs
400 g de crème liquide
8 g de cannelle

1. Éplucher les pommes et les couper en morceaux puis réserver.
2. Mélanger le beurre, le sucre et le sel jusqu'à obtenir un aspect crémeux.
3. Ajouter la farine et la levure puis mélanger.
4. Ajouter les œufs et mélanger.
5. Ajouter la crème et mélanger jusqu'à une texture homogène.
6. Ajouter les morceaux de pommes, la cannelle et mélanger.
7. Verser la préparation dans les moules individuels préalablement graissés.
8. Cuire 15/20 min à 180 °C.
9. Démouler 5 min après la sortie du four.

CARROT CAKES

<u>Ingrédients (Qté. pour 16)</u>

8 œufs
500 g de sucre
2 gousses de vanille
10 g de muscade
20 g de cannelle
360 g d'huile
500 g de farine
22 g de levure chimique
600 g de carottes râpées
240 g de noix en morceaux

1. Mélanger au fouet les œufs et le sucre.
2. Ajouter les graines des gousses de vanille, la muscade, la cannelle puis l'huile et mélanger.
3. Ajouter la farine et la levure puis mélanger.
4. Ajouter enfin les carottes et les noix et mélanger jusqu'à une texture homogène.
5. Verser la préparation dans les moules individuels préalablement graissés.
6. Cuire 20/25 min à 180 °C.
7. Démouler 5 min après la sortie du four.

PAINS D'EPICES

<u>Ingrédients (Qté. pour 16)</u>

300 g d'eau
200 g de jus d'orange
150 g de sucre
500 g de miel
2 gousses de vanille
12 g d'épices à pain d'épices
350 g de beurre
500 g de farine
12 g de levure chimique
26 g de bicarbonate
2 pincées de sel

1. Réaliser un sirop en portant à ébullition l'eau, le jus d'orange, le sucre, le miel, la vanille avec les épices et réserver.
2. Faire fondre le beurre et réserver.
3. Mélanger la farine, la levure, le bicarbonate et le sel.
4. Ajouter, à ce dernier mélange, le sirop puis le beurre fondu.
5. Mélanger jusqu'à obtenir un appareil homogène.
6. Verser la préparation dans les moules individuels préalablement graissés.
7. Cuire 20/25 min à 180 °C.
8. Démouler 5 min après la sortie du four.

QUATRE QUARTS

Ingrédients (Qté. pour 16)

400 g de beurre de mi-sel
8 œufs
400 g de sucre
400 g de farine
12 g de levure chimique

1. Faire fondre le beurre et le laisser tiédir 10 minutes.
2. Fouettez les œufs avec le sucre.
3. Ajouter la farine et la levure puis mélanger.
4. Ajouter enfin le beurre fondu et mélanger jusqu'à une texture homogène.
5. Verser la préparation dans les moules individuels préalablement graissés.
6. Cuire 15/20 min à 180 °C.
7. Démouler 5 min après la sortie du four.

MES PETITS GATEAUX DU MERCREDI

BISCUITS A LA CONFITURE

Ingrédients (Qté. pour 16)

125 g de beurre
100 g de sucre glace
1 œuf
250 g de farine
3 g de sel
Confiture

1. Mélanger le beurre avec le sucre glace jusqu'à une texture crémeuse.
2. Ajouter l'œuf et mélanger.
3. Ajouter ensuite le reste des ingrédients et mélanger jusqu'à obtenir une pâte homogène.
4. Étaler la pâte entre 2 feuilles de papier sulfurisé.
5. Réserver au frais au moins 30 min.
6. Détailler des biscuits.
7. Faites une découpe au centre sur la moitié des biscuits.
8. Réserver au frais au moins 30 min.
9. Cuire 15 min à 180 °C.
10. Faire refroidir les biscuits sur une grille.
11. Mettre de la confiture sur les biscuits sans trou.
12. Saupoudrez de sucre glace les biscuits avec le trou.
13. Déposer le biscuit avec le trou sur la confiture.

BISCUITS DIAMANTS

Ingrédients (Qté. pour 22)

90 g de beurre salé
135 g de beurre doux
100 g de sucre
1 gousse de vanille
320 g de farine
Sucre cassonade

1. Mélanger les beurres avec le sucre et les graines de la gousse de vanille jusqu'à une texture crémeuse.
2. Ajouter la farine et mélanger jusqu'à obtenir une texture homogène.
3. Former 2 boudins de pâtes de 3 cm de diamètre à l'aide de film étirable, et réserver 30 minutes au réfrigérateur.
4. Mettre le sucre cassonade dans un plat, et rouler les boudins dedans en appuyant légèrement pour faire adhérer le sucre.
5. Couper des tranches de 1.5 cm d'épaisseur et les disposer sur une plaque de cuisson.
6. Cuire 15 min à 170°C.
7. Faire refroidir les biscuits sur une grille.

CHOUQUETTES

<u>Ingrédients (Qté. pour 30)</u>

125 g d'eau
50 g beurre
2 g de sel
75 g de farine T45
2 œufs
Sucre en grains

1. Porter l'eau, le beurre et le sel à ébullition.
2. Hors du feu, ajouter la farine.
3. Dessécher à feu moyen pendant 5 min environ.
4. Hors du feu, ajouter les œufs un à un en mélangeant entre chaque.
5. Pocher les chouquettes.
6. Ajouter le sucre en grains.
7. Cuire 15 min à 180 °C.

COOKIES

<u>Ingrédients (Qté. pour 30)</u>

350 g de farine
5 g de bicarbonate de soude
5 g de levure chimique
2,5 g de sel
200 g de beurre
115 g de sucre complet
1 œuf
200 g de pépites de chocolat
Fleur de sel

1. Mélanger la farine, le bicarbonate de soude, la levure chimique, le sel et réserver.
2. Faire fondre le beurre.
3. Mélanger le beurre et le sucre.
4. Ajouter l'œuf et mélanger jusqu'à obtenir un mélange lisse et brillant.
5. Incorporer la préparation farine/levure et mélanger un peu.
6. Ajouter les pépites de chocolat et mélanger un peu.
7. Filmer et placer au frais 30 min.
8. Former des boules de pâte et les disposer sur une plaque.
9. Saupoudrer les boules de pâte avec la fleur de sel.
10. Cuire 10 min à 180 °C.
11. Réserver sur une grille.

CREPES

Ingrédients (Qté. pour 16)

50 g de beurre
250 g de farine
4 œufs
1 pincée de sel
20 g de sucre
500 g de lait
18 g de rhum

1. Faire fondre le beurre et le laisser tiédir 10 minutes.
2. Mélanger la farine, les œufs, le sel, le sucre.
3. Ajouter le lait petit à petit puis le beurre fondu et le rhum.
4. Laisser reposer 30 min.
5. Cuire à l'aide d'une crêpière bien chaude et légèrement graissée.

FINANCIERS

Ingrédients (Qté. pour 8)

80 g de beurre doux
55 g de farine
90 g de sucre glace
2 g de levure chimique
50 g de poudre d'amande
1,5 g de fleur de sel
5 blancs d'œufs

1. Faire fondre le beurre à feu moyen jusqu'à obtenir une couleur noisette.
2. Laisser refroidir le beurre noisette environ 30 min jusqu'à température ambiante.
3. Mélanger les matières sèches (farine, sucre, levure, poudre d'amande, sel).
4. Ajouter les blancs progressivement en continuant de mélanger.
5. Verser le beurre noisette et continuer de mélanger.
6. Verser la préparation dans les moules individuels préalablement graissés.
7. Cuire 15/20 min à 180 °C.
8. Démouler 5 min après la sortie du four.

GAUFRES

Ingrédients (Qté. pour 11)

50 g de beurre
250 g de farine
11 g de levure chimique
2 œufs
20 g de sucre
1 pincée de sel
500 g de lait

1. Faire fondre le beurre et le laisser tiédir 10 minutes.
2. Mélanger la farine, la levure, les œufs, le sel, le sucre.
3. Ajouter le lait petit à petit puis le beurre fondu.
4. Laisser reposer 30 min.
5. Cuire à l'aide d'un gaufrier.

MADELEINES

Ingrédients (Qté. pour 16)

80 g de beurre
2 œufs
90 g de sucre en poudre
1 pincée de sel
100 g de farine
5 g de levure chimique
1/2 gousse de vanille

Décor (facultatif)

80 g de chocolat noir

1. Faire fondre le beurre et le laisser tiédir 10 minutes.
2. Blanchir les œufs avec le sucre et la pincée de sel.
3. Tout en mélangeant, ajouter la farine, la levure et le beurre fondu puis les graines de la gousse de vanille.
4. Laisser reposer une nuit au frais ou 20 min au congélateur.
5. Garnir au ¾ les moules préalablement graissés.
6. Cuire 3 min à 240 °C, 3 min à 210 °C et 3 min à 180 °C.

Décor (facultatif)

1. Tempérer le chocolat noir, c'est-à-dire le faire fondre à 50 °C au bain-marie, le refroidir à 29 °C sur un bain-marie d'eau froide et le réchauffer à 32 °C sur un bain-marie d'eau chaude.
2. Couler le chocolat dans le moule à madeleines.
3. Déposer les madeleines cuites sur le chocolat fondu.
4. Faire prendre 15 min au frais.
5. Démouler.

MUFFINS

Ingrédients (Qté. pour 12)

400 g de farine

150 g de sucre

10 g de levure chimique

2 pincées de sel

100 g d'huile de tournesol

400 g de lait

80 g de pépites de chocolat
ou de fruits

1. Mélanger la farine, le sucre, la levure et le sel.
2. Ajouter l'huile et le lait puis mélanger à nouveau.
3. Incorporer les pépites ou autre garniture et mélanger une dernière fois.
4. Verser la préparation dans les caissettes/moules (graisser si besoin).
5. Cuire 25 min.
6. Laisser refroidir 15 min et démouler sur une grille.
7. Décorer éventuellement avec de la pâte à sucre, une ganache montée ou autre glaçage pour transformer vos muffins en cupcakes.

PANCAKES

Ingrédients (Qté. pour 12)

40 g de beurre

210 g de farine

13 g de levure chimique

15 g de sucre

1 pincée de sel

1 œuf

300 g de lait

1. Faire fondre le beurre et le laisser tiédir 10 minutes.
2. Mélanger la farine, la levure, le sucre et le sel.
3. Ajouter l'œuf et le lait préalablement battus, et fouetter délicatement.
4. Laisser reposer 15 min
5. Cuire à l'aide d'une poêle à pancakes bien chaude et légèrement graissée. Vous pouvez également utiliser un appareil type « Crêpes-party » ou une crêpière pour la cuisson.

ROULES A LA CONFITURE

<u>Ingrédients (Qté. pour 6)</u>

2 blancs d'œufs
2 œufs
2 jaunes d'œufs
100 g de sucre
25 g de farine
Confiture

<u>Biscuit viennois</u>

1. Monter les blancs et réaliser une meringue avec la moitié du sucre (50 g) puis réserver.
2. Monter en ruban les œufs, les jaunes d'œufs et le reste du sucre (50 g).
3. Incorporer la meringue dans les œufs à la maryse.
4. Incorporer la farine tamisée.
5. Étaler sur une plaque (1cm).
6. Cuire 7 min à 220 °C et laisser tiédir.
7. Étaler la confiture.
8. Rouler dans du film alimentaire.
9. Réserver au frais 30 minutes.
10. Détailler les 6 roulés.

SABLES BRETONS

<u>Ingrédients (Qté. pour 20)</u>

160 g de beurre salé
140 g de sucre
210 g de farine
6 g de levure chimique
4 jaunes œufs

1. Mélanger le beurre et le sucre jusqu'à obtenir un aspect crémeux.
2. Ajouter la farine et la levure puis mélanger.
3. Ajouter enfin les jaunes d'œufs et mélanger jusqu'à une texture homogène.
4. Étaler la pâte entre 2 feuilles de papier sulfurisé sur une épaisseur d'environ 1 cm.
5. Réserver 15 minutes au frais.
6. Détailler les sablés avec un emporte-pièce de 5 cm.
7. Déposer les sablés dans vos moules à muffins pour qu'ils ne se déforment pas à la cuisson.
8. Cuire 15 min à 180 °C.

SCONES ANGLAIS

Ingrédients (Qté. pour 20)

120 g de beurre
50 g de sucre
500 g de farine
10 g de levure chimique
1 œuf
200 g de lait

Dorure

1 jaune d'œuf
15 g de crème liquide

1. Mélanger le beurre et le sucre jusqu'à obtenir un aspect crémeux.
2. Ajouter la farine et la levure puis mélanger jusqu'à un aspect sableux.
3. Ajouter l'œuf ainsi que le lait et mélanger jusqu'à une texture homogène.
4. Étaler la pâte sur une épaisseur de 2 ou 3 cm et détailler les scones avec un emporte-pièce de 5 à 7 cm (ex : moule à cannelé).
5. Dorer au pinceau avec le mélange jaune d'œuf/crème.
6. Cuire 15/20 min à 180°C.

MES VIENNOISERIES INDIVIDUELLES DU VENDREDI

BAGUETTES VIENNOISES

Ingrédients (Qté. pour 8)

50 g de beurre
10 g de levure fraîche
100 g de lait
250 g de farine T45
5 g de sel
40 g de sucre
1 œuf

Dorure

1 jaune d'œuf
15 g de crème liquide

1. Couper le beurre en morceaux et le laisser au froid.
2. Mettre la levure dans le lait tiède.
3. Mélanger au crochet la farine, le sel et le sucre.
4. Ajouter le mélange lait/levure puis l'œuf et pétrir 10 min à vitesse moyenne.
5. Ajouter le beurre et augmenter la vitesse pendant 10 min.
6. Laisser pousser/pointer 30 min à température ambiante.
7. Rompre (chasser l'air de la pâte).
8. Réserver au frais 1 h.
9. Découper la pâte en 8 pâtons.
10. Les « bouler », c'est-à-dire former des boules bien régulières puis former des petites baguettes.
11. Dorer au pinceau avec le mélange jaune d'œuf/crème.
12. Lamer avec un couteau ou une lame de rasoir.
13. Laisser pousser/apprêter 1 h en étuve.
14. Cuire 15 min à 180 °C.

Pour vous aider voici une vidéo : https://www.coachpatissier.fr/livre-viennoises/

BEIGNETS OU DONUTS AU FOUR

Ingrédients (Qté. pour 8)

30 g de beurre
90 g de lait
10 g de levure fraîche
225 g de farine T45
40 g de sucre
1 œuf

1. Couper le beurre en morceaux et le laisser au frais.
2. Faire tiédir le lait et ajouter la levure.
3. Mélanger au crochet la farine et le sucre.
4. Ajouter le mélange lait/levure puis l'œuf et pétrir 10 min à vitesse moyenne.
5. Ajouter le beurre progressivement et augmenter la vitesse pendant 10 min supplémentaires.
6. Laisser pousser/pointer 30 min à température ambiante en recouvrant d'un torchon le bol du robot.
7. Rompre (chasser l'air de la pâte).
8. Réserver 1 h au frais.
9. Étaler sur une épaisseur d'un centimètre et découper vos beignets ou donuts à l'aide d'emporte-pièces.
10. Les disposer sur une feuille de cuisson.
11. Laisser pousser/apprêter 30 min en étuve.
12. Cuire 10/15 min à 180 °C.
13. Encore chauds, plonger 1 ou 2 secondes vos beignets ou donuts dans l'eau froide et les laisser s'égoutter, ceci afin qu'ils conservent leur moelleux.
14. Pour les donuts, mélanger un blanc d'œuf, et 200 g de sucre glace et un peu de colorant pour réaliser un glaçage. Pour les beignets, les saupoudrer de sucre glace et les garnir éventuellement de compote ou de pâte à tartiner.

BRIOCHES AU SUCRE

Ingrédients (Qté. pour 8)

75 g de beurre
75 g de lait
10 g de levure fraîche
250 g de farine T45
5 g de sel
20 g de sucre
2 œufs
Sucre en grains

Dorure

1 jaune d'œuf
15 g de crème liquide

1. Couper le beurre en morceaux et le laisser au frais.
2. Faire tiédir le lait et ajouter la levure.
3. Mélanger au crochet la farine, le sel et le sucre.
4. Ajouter le mélange lait/levure puis les œufs et pétrir 10 min à vitesse moyenne.
5. Ajouter le beurre progressivement et augmenter la vitesse pendant 10 min supplémentaires.
6. Laisser pousser/pointer 30 min à température ambiante en recouvrant le bol du robot d'un torchon.
7. Rompre (chasser l'air de la pâte).
8. Réserver 1 h au frais.
9. Découper le pâton en 8 morceaux égaux (environ 60 g).
10. Les « bouler », c'est-à-dire former des boules bien régulières.
11. Les disposer sur une feuille de cuisson.
12. Laisser pousser/apprêter 1 h en étuve.
13. Dorer au pinceau avec le mélange jaune d'œuf/crème.
14. Ajouter les grains de sucre.
15. Cuire 15 min à 180 °C.

Pour vous aider voici une vidéo : https://www.coachpatissier.fr/livre-brioches-et-babka/

BRIOCHES AUX PRALINES OU AUX PEPITES DE CHOCOLAT

Ingrédients (Qté. pour 8)

75 g de beurre
75 g de lait
10 g de levure fraîche
250 g de farine T45
5 g de sel
20 g de sucre
2 œufs
100 g de pralines ou de pépites de chocolat

Dorure

1 jaune d'œuf
15 g de crème liquide

1. Couper le beurre en morceaux et le laisser au frais.
2. Faire tiédir le lait et ajouter la levure.
3. Mélanger au crochet la farine, le sel et le sucre.
4. Ajouter le mélange lait/levure puis les œufs et pétrir 10 min à vitesse moyenne.
5. Ajouter le beurre progressivement et augmenter la vitesse pendant 10 min supplémentaires.
6. Laisser pousser/pointer 30 min à température ambiante en recouvrant le bol du robot d'un torchon.
7. Rompre (chasser l'air de la pâte).
8. Réserver 1 h au frais.
9. Découper le pâton en 8 morceaux égaux (environ 60 g).
10. Les « bouler », c'est-à-dire former des boules bien régulières en intégrant préalablement des pralines ou des pépites de chocolat.
11. Les disposer sur une feuille de cuisson.
12. Laisser pousser/apprêter 1 h en étuve.
13. Dorer au pinceau avec le mélange jaune d'œuf/crème.
14. Ajouter quelques pralines ou pépites supplémentaires sur le dessus.
15. Cuire 15 min à 180 °C.

Pour vous aider voici une vidéo : https://www.coachpatissier.fr/livre-brioches-et-babka/

BRIOCHES BABKA

Ingrédients (Qté. pour 8)

75 g de beurre
75 g de lait
10 g de levure fraîche
250 g de farine T45
5 g de sel
20 g de sucre
2 œufs
40 g de noisettes

Ganache au chocolat

60 g de crème liquide entière
55 g de chocolat

Ganache au chocolat

1. Chauffer la crème liquide jusqu'à une petite ébullition.
2. Verser la crème chaude en 3 fois sur le chocolat
3. Mélanger énergiquement avec une cuillère en partant du centre vers l'extérieur pour créer une émulsion.
4. Réserver au frais au minimum 1 h.

Pâte à brioche

1. Couper le beurre en morceaux et le laisser au frais.
2. Faire tiédir le lait et ajouter la levure.
3. Mélanger au crochet la farine, le sel et le sucre.
4. Ajouter le mélange lait/levure puis les œufs et pétrir 10 min à vitesse moyenne.
5. Ajouter le beurre progressivement et augmenter la vitesse pendant 10 min supplémentaires.
6. Laisser pousser/pointer 30 min à température ambiante en recouvrant le bol du robot d'un torchon.
7. Rompre (chasser l'air de la pâte).
8. Réserver 1 h au frais.
9. Découper le pâton en 8 morceaux égaux (environ 60 g).
10. Les « bouler », c'est-à-dire former des boules bien régulières.
11. Étaler chaque boule.
12. Recouvrir de ganache.
13. Rouler comme une « bûche roulée ».
14. Réserver 10 min au congélateur.
15. Couper le rouleau en deux sur toute la longueur.
16. Tresser les 2 parties avec le côté coupé sur le dessus.
17. Ajouter les noisettes concassées.
18. Laisser pousser/apprêter 1 h en étuve.
19. Cuire 15/20 min à 180 °C.

Pour vous aider voici une vidéo : https://www.coachpatissier.fr/livre-brioches-et-babka/

BRIOCHES FEUILLETEES

Ingrédients (Qté. pour 8)

75 g de beurre
10 g de levure fraîche
75 g de lait
250 g de farine T45
5 g de sel
20 g de sucre
2 œufs

Tourage/feuilletage

150 g de beurre de tourage
ou AOP

Pâte à brioche

1. Couper le beurre en morceaux et le laisser au frais.
2. Faire tiédir le lait et ajouter la levure.
3. Mélanger au crochet la farine, le sel et le sucre.
4. Ajouter le mélange lait/levure puis les œufs et pétrir 10 min à vitesse moyenne.
5. Ajouter le beurre progressivement et augmenter la vitesse pendant 10 min supplémentaires.
6. Laisser pousser/pointer 30 min à température ambiante en recouvrant le bol du robot d'un torchon.
7. Rompre (chasser l'air de la pâte).
8. Réserver 1 h au frais.

Tourage/feuilletage

1. Former un carré de 20x20 cm avec le beurre.
2. Étaler votre pâte à brioche en un rectangle de 20x40 cm.
3. Placer le beurre au centre.
4. Rabattre chaque bord au centre du beurre pour l'enfermer.
5. Tourner le pâton de 90°.
6. Étaler à nouveau en un rectangle de 20x40 cm.
7. Faire un tour simple : replier un tiers de la pâte vers le centre et replier le tiers restant par-dessus.
8. Mettre au frais 30 min.
9. Refaire 2 fois les étapes 6 à 8 (au total 3 tours simples)

Façonnage et cuisson

1. Étaler en un rectangle de 20x24 cm et découper les bords afin d'obtenir un rectangle bien net.
2. Découper 8 bandes de 3x20 cm.
3. Chemiser le moule avec un peu de beurre et de sucre.
4. Déposer les bandes, en leur donnant une forme de vague, dans les moules à cake individuels.
5. Laisser pousser/apprêter 2 h en étuve.
6. Cuire 15/20 min à 180 °C.

Pour vous aider voici une vidéo : https://www.coachpatissier.fr/livre-brioche-feuilletee/

BRIOCHES SUISSES

Ingrédients (Qté. pour 8)

75 g de beurre
75 g de lait
10 g de levure fraîche
250 g de farine T45
5 g de sel
20 g de sucre
2 œufs

Crème pâtissière

250 g de lait
2 jaunes d'œufs
45 g de sucre
15 g de farine T55
15 g de fécule de maïs

Dorure

1 jaune d'œuf
15 g de crème liquide

Crème pâtissière

1. Chauffer le lait jusqu'à une petite ébullition.
2. Dans un récipient, fouetter les jaunes d'œufs avec le sucre.
3. Ajouter la farine, la fécule et mélanger.
4. Ajouter 1/3 du lait dans ce mélange et verser cette préparation dans le lait restant.
5. Laisser cuire 1 min après le 1er « plop ».
6. Filmer au contact de la préparation et mettre au frais 1 h environ.

Pâte à brioche

1. Couper le beurre en morceaux et le laisser au frais.
2. Faire tiédir le lait et ajouter la levure.
3. Mélanger au crochet la farine, le sel et le sucre.
4. Ajouter le mélange lait/levure puis les œufs et pétrir 10 min à vitesse moyenne.
5. Ajouter le beurre progressivement et augmenter la vitesse pendant 10 min supplémentaires.
6. Laisser pousser/pointer 30 min à température ambiante en recouvrant le bol du robot d'un torchon.
7. Rompre (chasser l'air de la pâte).
8. Réserver 1 h au frais.
9. Étaler en un rectangle d'environ 30x40 cm.
10. Répartir la crème pâtissière sur le rectangle de pâte en laissant une bande d'environ 2 cm tout le long du bord supérieur.
11. Ajouter les pépites de chocolat.
12. Replier la pâte sur elle-même jusqu'à la partie sans crème.
13. Replier enfin la partie sans crème sur le dessus afin de bien fermer la brioche.
14. Découper 8 bandes de 5 cm de large.
15. Placer sur une plaque avec feuille de cuisson
16. Laisser pousser/apprêter 1 h en étuve.
17. Dorer au pinceau avec le mélange jaune d'œuf/crème.
18. Cuire 15/20 min à 180 °C.

CHAUSSONS AUX POMMES

Ingrédients (Qté. pour 8)

250 g de farine T45
125 g d'eau
5 g de sel
190 g de beurre de tourage ou AOP
200 g de compote de pommes

Dorure

1 jaune d'œuf
15 g de crème liquide

Pâte feuilletée (2 étapes)

Détrempe

1. Mélanger la farine, l'eau et le sel à l'aide du robot.
2. Laisser reposer 30 min au frais.

Tourage

1. Ramollir le beurre de tourage et former un carré de 20x20 cm.
2. Étaler/abaisser la détrempe en un rectangle de 40x20 cm.
3. Mettre le beurre au centre de la détrempe puis rabattre les 2 extrémités au centre et tourner d'un quart de tour.
4. Étaler/abaisser en un rectangle de 60x20 cm.
5. Réaliser un 1er tour double (rabattre chaque côté au centre puis refermer comme un livre).
6. Laisser reposer 30 min au frais.
7. Positionner l'« ouverture du livre » sur la droite.
8. Étaler/abaisser en un rectangle de 60x20 cm.
9. Réaliser un 2e tour double (rabattre chaque côté au centre puis refermer comme un livre).
10. Laisser reposer 30 min au frais.
11. Positionner l'« ouverture du livre » sur la droite.
12. Étaler/abaisser en un rectangle de 60x20 cm.
13. Réaliser le 3e et dernier tour double (rabattre chaque côté au centre puis refermer comme un livre).
14. Laisser reposer 30 min au frais minimum.

<u>Façonnage des chaussons aux pommes</u>

1. Abaisser la pâte en un rectangle d'au moins 30x40 cm.
2. Détailler les chaussons aux pommes avec un découpoir spécifique ou à défaut un bol d'environ 12 cm puis donner un coup de rouleau pour donner une forme ovale.
3. Ajouter un peu de compote au centre.
4. Avec un pinceau, passer un peu d'eau sur le bord de la pâte.
5. Refermer la pâte sur elle-même afin de former le chausson, en soudant bien les bords.
6. Dorer au pinceau avec le mélange jaune d'œuf/crème.
7. Réserver au frais 30 min.
8. Dorer à nouveau et réaliser un lamage avec un couteau, sans oublier de faire au moins un trou (cheminée) avec la pointe du couteau.
9. Cuire 15 min à 180 °C.

Pour vous aider voici une vidéo : https://www.coachpatissier.fr/livre-chausson-aux-pommes/

CROISSANTS ET PAINS AU CHOCOLAT

<u>Ingrédients (Qté. pour 4 croissants et 4 pains au chocolat)</u>
<u>Pâte levée feuilletée</u>
60 g de beurre
15 g de levure fraîche
140 g de lait
300 g de farine T45
45 g de sucre
6 g de sel
150 g de beurre de tourage ou AOP
8 barres de chocolat

<u>Dorure</u>
1 jaune d'œuf
15 g de crème liquide

<u>Pâte levée feuilletée (2 étapes)</u>
<u>Détrempe</u>
1. Faire fondre les 60 g de beurre.
2. Mettre la levure dans le lait tiède.
3. Mélanger la farine, le sel et le sucre à l'aide du robot.
4. Ajouter le mélange lait/levure puis pétrir à vitesse moyenne.
5. Ajouter le beurre et augmenter la vitesse pendant 10 min.
6. Laisser reposer/pointer 1 h à température ambiante.
7. Rompre (chasser l'air de la pâte).
8. Étaler la détrempe en un rectangle de 40x20 cm.
9. Laisser reposer 20 min au congélateur.

<u>Tourage</u>
1. Ramollir le beurre de tourage et former un carré de 20x20 cm.
2. Mettre le beurre au centre de la détrempe puis rabattre les 2 extrémités au centre et tourner d'un quart de tour.
3. Étaler/abaisser en un rectangle de 60x20 cm à nouveau.
4. Réaliser un tour double (rabattre chaque côté au centre puis refermer comme un livre).
5. Laisser reposer 30 min au frais.
6. Positionner l'« ouverture du livre » sur la droite.
7. Étaler/abaisser en un rectangle de 60x20 cm.
8. Réaliser un tour simple (rabattre un côté au centre puis rabattre le second côté par-dessus).
9. Laisser reposer 30 min au frais.

<u>**Façonnage des croissants et des pains au chocolat**</u>

1. Abaisser en un rectangle de 38x24 cm (pour 4 croissants et 4 pains au chocolat).
2. Couper votre pâte en 2 bandes : une de 20x24 cm et l'autre de 18x24 cm.
3. Couper les 2 bandes en deux : vous obtenez 2 rectangles de 20x12 cm et 2 de 18x12 cm.
4. Couper en diagonale les 2 rectangles de 20x12 cm, ils deviendront des croissants.
5. Façonner un croissant avec chaque triangle en le roulant sur lui-même.
6. Recouper en 2 les 2 rectangles de 18x12 cm (donc 4 rectangles de 9x12 cm) pour les futurs pains au chocolat.
7. Façonner les pains au chocolat : placer une barre de chocolat à l'extrémité de chaque rectangle de pâte. Rouler la pâte autour de la barre de chocolat. Placer la 2ème barre de chocolat et rouler la pâte sur elle-même.
8. Laisser pousser/apprêter environ 2 h en étuve.
9. Dorer au pinceau avec le mélange jaune d'œuf/crème.
10. Cuire 20/25 min à 180 °C.

Pour vous aider voici une vidéo : https://www.coachpatissier.fr/livre-croissants-et-pains-au-chocolat/

MUFFINS ANGLAIS

<u>Ingrédients (Qté. pour 8)</u>

150 g de lait
10 g de levure fraîche
225 g de farine T45
5 g de sucre
10 g d'huile
Semoule fine (facultatif)

1. Faire tiédir le lait et ajouter la levure.
2. Mélanger au crochet la farine et le sucre.
3. Ajouter le mélange lait/levure et pétrir 10 min à vitesse moyenne.
4. Ajouter l'huile progressivement et augmenter la vitesse pendant 10 min supplémentaires.
5. Laisser pousser/pointer 30 min à température ambiante en recouvrant le bol du robot d'un torchon.
6. Rompre (chasser l'air de la pâte).
7. Étaler la pâte sur 1 à 1,5 cm d'épaisseur.
8. Détailler les muffins à l'aide d'un emporte-pièce de 7 à 10 cm de diamètre.
9. Les rouler dans la semoule.
10. Les disposer sur une feuille de cuisson.
11. Laisser pousser/apprêter 30 min en étuve.
12. Cuire dans une poêle non graissée 2 min de chaque côté.

PAINS AU LAIT

Ingrédients (Qté. pour 8)

50 g de beurre
87 g de lait
10 g de levure fraîche
250 g de farine T45
5 g de sel
25 g de sucre
1 œuf

Dorure

1 jaune d'œuf
15 g de crème liquide

1. Couper le beurre en morceaux et le laisser au frais.
2. Faire tiédir le lait et ajouter la levure.
3. Mélanger au crochet la farine, le sel et le sucre.
4. Ajouter le mélange lait/levure puis l'œuf et pétrir 10 min à vitesse moyenne.
5. Ajouter le beurre progressivement et augmenter la vitesse pendant 10 min supplémentaires.
6. Laisser pousser 30 min à température ambiante en recouvrant le bol du robot d'un torchon.
7. Rompre (chasser l'air de la pâte).
8. Réserver au frais 1 h.
9. Découper le pâton en 8 morceaux égaux (environ 60 g).
10. Les « bouler », c'est-à-dire former des boules bien régulières puis former de petits pains.
11. Laisser pousser 45 min/1 h en étuve.
12. Dorer au pinceau avec le mélange jaune d'œuf/crème.
13. À l'aide de ciseaux, réaliser de petites « dents » sur le dessus.
14. Cuire 15/20 min à 180 °C.

Pour vous aider voici une vidéo : https://www.coachpatissier.fr/livre-pains-au-lait/

PAINS AUX RAISINS

<u>Ingrédients (Qté. pour 12)</u>
<u>Crème pâtissière</u>
500 g de lait
4 jaunes d'œufs
90 g de sucre
30 g de farine
30 g de fécule de maïs

<u>Pâte levée feuilletée</u>
60 g de beurre
15 g de levure fraîche
140 g de lait
300 g de farine T45
45 g de sucre
6 g de sel
150 g de beurre de tourage
ou AOP

<u>Garniture</u>
Raisins secs ou pépites de
chocolat

<u>Dorure</u>
1 jaune d'œuf
15 g de crème liquide

<u>Crème pâtissière</u>
1. Chauffer le lait jusqu'à une petite ébullition.
2. Fouetter les jaunes d'œufs avec le sucre.
3. Ajouter la farine, la fécule et mélanger.
4. Ajouter 1/3 du lait dans ce mélange et verser cette préparation dans le lait restant.
5. Laisser cuire 1 min après le 1er « plop ».
6. Filmer au contact de la préparation et mettre au frais 1 h environ.

<u>Pâte levée feuilletée (2 étapes)</u>
<u>Détrempe</u>
1. Faire fondre les 60 g de beurre.
2. Mettre la levure dans le lait tiède.
3. Mélanger la farine, le sel et le sucre à l'aide du robot.
4. Ajouter le mélange lait/levure puis pétrir à vitesse moyenne.
5. Ajouter le beurre et augmenter la vitesse pendant 10 min.
6. Laisser reposer/pointer 1 h à température ambiante.
7. Rompre (chasser l'air de la pâte).
8. Étaler la détrempe en un rectangle de 40x20 cm.
9. Laisser reposer 20 min au congélateur.

<u>Tourage</u>
1. Ramollir le beurre de tourage et former un carré de 20x20 cm.
2. Mettre le beurre au centre de la détrempe puis rabattre les 2 extrémités au centre et tourner d'un quart de tour.
3. Étaler/abaisser en un rectangle de 60x20 cm à nouveau.
4. Réaliser un tour double (rabattre chaque côté au centre puis refermer comme un livre).
5. Laisser reposer 30 min au frais.
7. Positionner l'« ouverture du livre » sur la droite.
8. Étaler/abaisser en un rectangle de 60x20 cm.
9. Réaliser un tour simple (rabattre un côté au centre puis rabattre le second côté par-dessus).
10. Laisser reposer 30 min au frais.

<u>**Façonnage des pains aux raisins**</u>

1. Abaisser en un rectangle de 36x24 cm.
2. Étaler la crème pâtissière sur la pâte.
3. Disposer les raisins ou les pépites de chocolat.
4. Rouler la pâte.
5. Découper 12 tranches de 3 cm.
6. Les poser à plat sur une plaque.
7. Laisser pousser/apprêter 2 h en étuve.
8. Dorer au pinceau avec le mélange jaune d'œuf/crème.
9. Cuire 20/25 min à 180 °C.

Pour vous aider voici une vidéo : https://www.coachpatissier.fr/livre-pains-aux-raisins/

PAIN DE MIE

<u>Ingrédients (Qté. pour 1)</u>
30 g de beurre
125 g d'eau
175 g de lait
15 g de levure fraîche
450 g de farine T45
3 g de sel
20 g de sucre

1. Couper le beurre en morceaux et le laisser au frais.
2. Faire tiédir le lait et l'eau, et ajouter la levure.
3. Mélanger au crochet la farine, le sel et le sucre.
4. Ajouter le mélange lait/levure et pétrir 10 min à vitesse moyenne.
5. Ajouter le beurre progressivement et augmenter la vitesse pendant 10 min supplémentaires.
6. Laisser pousser/pointer 30 min à température ambiante en recouvrant le bol du robot d'un torchon.
7. Rompre (chasser l'air de la pâte).
8. Réserver au frais 1 h.
9. Façonner et mettre dans un moule à cake préalablement graissé.
10. Laisser pousser/apprêter 45 min/1 h en étuve.
11. Cuire à 180 °C pendant 15 min.
12. Sortir du four et le démouler immédiatement.

NB : Comme vous pouvez le constater, cette recette est la seule qui n'est pas en portions individuelles. En effet, il est plus courant de couper des tranches de pain de mie plutôt que d'avoir des pains de mie individuels. Comptez environs 16 tranches, que vous pouvez bien entendu congeler de la même manière que les autres viennoiseries individuelles.

Pour vous aider voici une vidéo : https://www.coachpatissier.fr/livre-pain-de-mie/

LES PETITS PLUS DU CHEF

Le choix de la farine

- Vous l'aurez remarqué j'ai indiqué uniquement sur certaines recette le type de farine T45. La Type 45 est une farine plus riche en gluten ce qui permet d'avoir de meilleurs résultats sur tout ce qui est viennoiseries (brioches, croissants, etc.), la pâte à choux et le feuilletage.
- Pour le reste des recettes vous pouvez utiliser la classique T55 ou même des farines plus complètes comme la petit épeautre bien connue pour sa faible teneur en gluten (7%) et son indique glycémique bas (40).

La levure de boulanger fraîche ou levure sèche

- Pour tout ce qui est des viennoiseries on va utiliser de la levure de boulanger. Dans mes recettes j'ai indiqué de la levure fraîche, elle se présente sous forme de cube et vous pouvez en trouver notamment chez votre boulanger. La levure de boulanger est un organisme vivant il est donc plus logique de l'utiliser fraîche mais elle ne se conserve pas longtemps contrairement à la version sèche ce qui peut vous faire pencher vers cette deuxième solution.
- Pour remplacer la levure fraîche par de la levure sèche il faut tout d'abord adapter les quantités. Pour ce faire, on se base sur le poids de farine utilisée. En effet, pour 500 g de farine on donne 20 g de levure fraîche ou 7 à 10 g de levure sèche (voir indication sur votre levure).
- Ensuite la levure sèche a besoin d'être réhydratée. Comme je vous l'ai précisé dans mes recettes de viennoiserie on met la levure dans le lait tiède afin de faciliter l'activation de la fermentation, il suffira pour la levure sèche de prolonger le temps de cette étape. Compter 10 à 15 minutes avant de l'intégrer dans le reste de votre préparation.

La levure de boulanger et le lait

- La levure de boulanger adore le lait car il contient du sucre pour la nourrir et on le tiédit pour activer la fermentation.
- Attention cependant à la température du lait elle ne doit pas dépasser 35°C, idéalement entre 25 et 30°C, au risque de tuer votre levure et d'avoir une viennoiserie qui ne gonfle pas. Si vous n'avez pas de thermomètre servez-vous de vos sens. Votre corps est à 36/37°C, une fois le lait tiédit vous ne devez pas avoir au toucher une sensation de chaleur.

La levure de boulanger et le sel

- Ne jamais mettre en contact votre levure avec le sel ceci la tuerait.

Les œufs et les quantités/ratios

- Les recettes de ce livre sont basées sur une quantité pour 2 personnes, vous aurez donc certainement besoin de les adapter à votre contexte familial mais dans les calculs de ratios, les œufs posent souvent question : Comment diviser un œuf ?
- En pâtisserie pro on ne parle pas de nombre d'œufs mais de poids d'œufs. On part du principe qu'un œuf moyen fait 50 g que l'on peut décomposer en 30 g de blanc et 20 g de jaune. Ainsi il est plus facile de diviser ou multiplier des grammes qu'un nombre d'œufs.
- Mais vous allez me dire comment faire si j'ai besoin de 25 g d'œuf ? c'est très simple, il suffit de batte votre œuf et d'en prélever 25 g.

Beurre de tourage, pâte levée feuilletée (PLF) et pâte feuilletée

- La pâte levée feuilletée (pâte à croissant, pains au chocolat et pains aux raisons), PLF pour les intimes, à ne pas confondre avec la pâte feuilletée (pâte à chaussons aux pommes par exemple) qui elle ne contient pas de levure, est la plus compliquée que vous aurez à réaliser dans cet ouvrage.
  Pour relativiser, si vos premiers essais ne sont pas concluants, c'est souvent celle qui donne aussi du fil à retordre aux apprentis pâtissiers et boulangers mais elle reste un incontournable et une fierté de la pâtisserie française.
- Pour mettre toutes les chances de votre côté, que ce soit pour la PLF ou la pâte feuilletée, il faut avant tout faire attention au choix du beurre. Il faut impérativement utiliser un beurre dit sec, c'est un beurre comme son nom l'indique qui contient moins d'eau et plus de matière grasse.
  Pour les pros ils sont nommés beurres de tourage. C'est difficile pour un particulier de s'en procurer mais on peut utiliser les beurre AOP et d'ailleurs même des pros font parfois ce choix. La France compte 3 AOP qui sont le beurre Poitou-Charentes, le beurre d'Isigny et le beurre de Bresse.
- Un autre point important pour ces deux pâtes, il faut bien respecter les temps de froid.

La pâte à choux

- Dans cet ouvrage il y a une recette à base de pâte à choux, les chouquettes.
- Il y a principalement 4 causes d'échec.
  La première est au moment de dessécher la pâte, il faut bien insister pour que l'eau contenue dans cette pâte s'évapore afin qu'elle soit remplacée à l'étape suivante par l'humidité de l'œuf.
  La deuxième, est justement le moment de l'intégration des œufs. Il est impératif de les intégrer un a un mais aussi d'attendre que l'œuf soit intégré avant d'en mettre un

autre. Ça se voit lorsque la pâte commence à faire comme des fils.

La troisième c'est de ne pas ouvrir la porte du four car ça peut être fatal.

La quatrième ne concerne pas les chouquettes, mais ceci est lié à la cuisson. Globalement par expérience, on remarque que l'on ne pousse pas assez la cuisson et donc que souvent le chou retombe. Il faut bien que dans les fissures de la pâte à choux la couleur soit brune et non blanche. Je disais que les chouquettes n'étaient pas concernées car justement ce que l'on attend d'une bonne chouquette c'est cette légère sous cuisson.

Le temps de pousse et étuve

- Les temps de pousse des viennoiseries sont à titre indicatif car ceci dépend de la température de la pièce ou de l'étuve. Fiez-vous au visuel, une pousse c'est environ une augmentation de 2 à 3 fois la taille de départ.
- À la maison nous avons rarement à disposition une étuve. Pour la remplacer, il suffit de placer un bol d'eau bouillante dans un four éteint et fermé. Une étuve c'est une température autour de 28°C.
- Le dernier temps de pousse de la viennoiserie en étuve, celui avant cuisson, peut être remplacé par une pousse au froid d'une nuit et ainsi permettre de cuire le matin même.

Le temps de cuisson

- Les temps de cuisson sont toujours à titre indicatif car selon votre four, vos moules, vos plaques, le temps ne sera pas le même. Lorsque je donne un cours à domicile, je mets toujours 5 minutes de moins pour vérifier, car il est possible ensuite de poursuivre la cuisson si ce n'est pas suffisant alors que si c'est trop cuit et bien c'est trop tard.

Pour aller encore plus loin

- Vous avez envie d'aller encore plus loin comme si vous sortiez de chez le pâtissier en proposant par exemple des éclairs au chocolat, des millefeuilles, des flans ou même des entremets ? Je vous propose de vous orienter vers mon 1er ouvrage « Devenez un meilleur pâtissier ! ». Au programme 47 réalisations, 77 préparations et 92 vidéos :

REMERCIEMENTS

Depuis plusieurs années, j'ai la chance d'entreprendre des projets au sein d'un entourage bienveillant, en particulier ma famille dont les conseils et les encouragements me sont chers. Aussi, à l'occasion de ce second livre plus familial, je tiens à remercier plus particulièrement :

- Mon épouse Aurélie, qui me soutient dans tous mes trop nombreux projets.
- Mes enfants Ysaure et Yorik, qui sont à l'origine de mon envie de transmettre.
- Ma grand-mère Marguerite, qui m'a transmis sa fibre pâtissière.
- Mon frérot Bernard, dont les conseils de boulanger professionnel m'ont été d'une aide précieuse.
- Mes parents pour leur soutien indéfectible.
- Les utilisateurs de mon 1er livre.
- Les élèves à qui je donne des cours à leur domicile.